T0018505

Francine Merasty

# Iskotēw Iskwēw
## kiwetinok iskonikani
## iskwesis omasinahikan

E Nehiyawastat John M. Merasty

BookLand
press

Text © 2022 by Francine Merasty
Translation © 2022 by John M. Merasty

Published by BookLand Press Inc.
15 Allstate Parkway, Suite 600
Markham, Ontario L3R 5B4

Printed in Canada

Front cover image by John McDonald and Kymber Rae Photography

**Library and Archives Canada Cataloguing in Publication**

Title: Iskotew iskwew: kiwetinok iskonikani iskwesis omasinahikan / Francine Merasty; translated by John M. Merasty.
Other titles: Iskotew iskwew. Cree
Names: Merasty, Francine, author. | Merasty, John M., translator.
Description: Series statement: Modern Indigenous voices | Translation of: Iskotew iskwew, poetry of a Northern rez girl.
Identifiers: Canadiana (print) 20210378727 | Canadiana (ebook) 20210378743 | ISBN 9781772311617 (softcover) | ISBN 9781772311624 (EPUB)
Subjects: LCSH: Merasty, Francine—Poetry. | LCSH: Indigenous women—Saskatchewan—Poetry. | LCGFT: Poetry. | LCGFT: Autobiographical poetry.
Classification: LCC PS8626.E7 I85123 2021 | DDC C811/.6—dc23

We acknowledge the support of the Government of Canada through the Canada Book Fund and the support of the Ontario Arts Council, an agency of the Government of Ontario. We also acknowledge the support of the Canada Council for the Arts.

# Masinahikan Apacicikan

# Ka nekan astat Jane Fairburn

*Tansi. Jane Fairburn oma netha.* Hello. My name is Jane Fairburn. I'm a *moonyau iskwew* (white woman) from Toronto, Ontario, and I have the pleasure of introducing you to my friend, the gifted Indigenous poet Francine Merasty. *Francine awa neyithaw iskwew Opawikuscikanek oci.* Francine is a Woodland Cree woman from Pelican Narrows, Saskatchewan. Canada's boreal forest and its most derided, yet grudgingly loved, southern metropolis may be distant and different worlds from your perspective. You might be wondering: What the devil is the connection between the two of us?

First of all, there is the sea. The Cree Nation and other associated Indigenous groups stretch out over our country from the craggy cliffs of Labrador and the Gulf of St. Lawrence westward, all the way to the grassy foothills and sub-arctic regions of Alberta. They are a remarkably tenacious and resilient people, and their ancestors have been living on this land from time immemorial. Far below their traditional territory lies Toronto, on the north shore of Lake Ontario, more than seven hundred miles up river from the Atlantic Ocean. The Cree and other Nations endured the final retreat of the melting glacial ice sheets that created Lake Ontario, where sweet water still follows an ancient pathway down the St. Lawrence to the sea. To put it in context, most of my ancestors travelled up the St. Lawrence from Ireland and what is now the United Kingdom less than two hundred years ago. And all of that story takes place some two thousand miles from Pelican Narrows.

> *riding the ocean waves alone*
> *...*
> *shaking, shivering, crying all alone*
> *a small still voice speaking*
> *soothing, calms the storm*
> *a gentle rain begins to fall*
> *on my skin*
> *feels warm*
> *a million tiny rainbows form*
> (Francine Merasty, "A Million Tiny Raibows")

But there is more. My journey with Francine began in Toronto, outside the calloused and time-worn gates of Fort York on a hot day in July 2016. It was there that I met her uncle Wil (William) Merasty, at the opening ceremonies of the Pan Am Games, hosted by the Mississaugas of the Credit First Nation. I had recently written a book on the history, landscape, and people of the Toronto waterfront, *Along the Shore*. Wil is a former Frontrunner, one of ten extraordinary Indigenous Canadian athletes who ran over eight hundred kilometers in 1967 with the Pan Am torch to Winnipeg Pan Am Stadium, in commemoration of the games in that city that year.

But you know what? The Frontrunners never got to ignite the cauldron inside the stadium, which signalled the opening of the games. That honour went to a non-Indigenous athlete, who received the torch at the gates. After being escorted from the stadium, the Native kids *did* get pancakes out of the deal, *before* being sent back to residential school, that is. Yet the resilience of those Frontrunners ignited another kind of flame — one that continues to burn brightly and give the lie to the once pervasive view that Canada has largely resolved its issues with Indigenous people, and the Nations to which they belong. (The Government of Manitoba issued an official apology to the Frontrunners in 1999.)

I'm a lawyer by trade, and Wil suggested that I get to know his niece, Francine, who was completing her Articles (mandatory legal training prior to being called to the Bar) in Toronto the following summer. I discovered in Francine an intelligent, gentle, and complex spirit well beyond her chronological age. It was an honour to attend her Call to the Bar in 2017. And an even greater honour, after the ceremony, to give her my robes outside the doors of Roy Thomson Hall.

My gift to her was an initial step in my personal acknowledgment of the vicious cycle of injustice visited on First Nations that continues to the present day, and the realization that to fix our broken relationship, we have to move forward together.

*if my forgiveness*
*is needed*
*for all the injustices*
*I've experienced*
*to make this vision*
*a reality*
*I give it freely*
*I forgive*
("Reconciliation")

Before Francine attended law school, she worked with the Truth and Reconciliation Commission of Canada (TRC), established to record the history and lasting impacts on Indigenous students and their families of the Canadian residential school system.

As a lawyer, she is committed to bringing to life the spirit and intent of the 94 Calls to Action of the TRC Report. Her credentials already speak for themselves, including a period as Commission Counsel to the National Inquiry into Missing and Murdered Indigenous Women and Girls and presently as Legal Counsel and Executive Assistant to the Federation of Sovereign Indigenous Nations in Saskatchewan. It is little wonder that her passion has found voice in her poetry.

> *common law is in my head*
> *Indigenous law was born in my heart*
> ("Rules of Law")

It has been said many times that Canadians are all treaty people. The ancestors of many non-Indigenous people, including the traders, the explorers, the farmers, and undeniably among them the wretched, the dispossessed, and the starving, were part of a massive European migration to the new world that began in the seventeenth century and gathered steam into eighteenth and nineteenth centuries. For myriad reasons, they embraced hope, boarding Imperialist ships to sail across the Atlantic Ocean to a land of plenty. Upon arrival, they were welcomed by Indigenous peoples in the spirit of sharing the land.

The British Crown in many instances negotiated with Sovereign Indigenous Nations to gain title to the land. But the Crown didn't get it right. The deals, made, if at all, weren't done fairly and truly, and the spirit and intent of First Nations' interests and understanding was ignored. Because Canadians are treaty people, we need to fix that. Governments will continue to address the wrongs of today and yesterday, but none of that frees us from walking our own path toward reconciliation. Francine generously shares with us her lived experience, the path walked by her ancestors, and her hope for what is to come. Her poems touch on some of the most important issues facing Indigenous and non-Indigenous Canadians today, but beyond this, something deeper is proffered — a starting point to begin our own journey of reconciliation.

> *The original blazing fire of the land*
> *Shall continue burning*
> *To ashes another rejection*
> ("The Interview")

Francine is of this land – remember the glacial ice sheets? Her poems reflect a deep, ancestral connection to time and place. For non-Indigenous Canadians, her poetry offers a cogent reply to the pervasive question: What does it mean to belong to the land?

Just before Christmas 2018 I attended a funeral for a close friend in Edmonton, Alberta. As the plane lifted me up and away from the icy banks of the North Saskatchewan River for Toronto, I watched the thin veil of colonization – the skyscrapers, the highways, and the industrial plants – dissolve into the boreal forest of the Woodland Cree's traditional territory. Cree emanates from and describes this land in a fashion that no other non-Indigenous language will ever do. And if we lose the original languages of the land, something of the essence of the place they describe – and something of this country we all call Canada (*Kanata*) – will die with them.

Francine's first language is Nethowewin (Woodland Cree). Some of the poems in this collection are published in both languages, and I encourage you to engage with the Cree -- to observe its rhythm and cadence and to take every opportunity to hear it. Learn it if you can.

Francine spoke Cree almost exclusively until the age of seven, when she entered residential school in Prince Albert, Saskatchewan, in 1987. Yes. You read that right. Francine, still a relatively young woman, is a residential school survivor. Her experience reminds us that residential school is not some nineteenth-century Dickensian phenomenon that we can toss up onto the shelf with the gothic horror novels. The doors of the Prince Albert Indian Student Education Centre clanked shut only twenty-five years ago, in 1996.

But Francine's spirit was not broken by her residential school experience. She comes from a long line of courageous, proud women. Her mother, Doris McCallum, was raised with her siblings in the traditional way, on the trapline, in the bush north of Pelican Narrows. Francine and her ten siblings spent summers on that same trapline, on McInnis Lake, and her poems contain the wisdom of traditional knowledge, along with something else: tenacity, the gift of resilience. In "Fiery Woman," Francine recounts the attempted abduction of her older brother by the authorities, shortly after Doris gave birth to him, alone, in the hospital in Flin Flon:

> *Trying to make me sign*
> *Those papers that*
> *Would rip away the seed*
> *That I nurtured within me*
> *Lovingly for months —*
> *I am not broken*
> *I withstand your daily assaults*
> *I'm too young, too stupid, too savage*
> ("Fiery Woman")

I would be remiss if I concluded these remarks without noting that there is a touch of the mystic in Francine Merasty. Religion is a charged subject in today's post-modern age, even more so for Indigenous people, who have endured hatred, racism, and sexual abuse at the hands of many of Canada's Christian denominations. Nonetheless, Francine remains a practising Roman Catholic. That's her call and I'm pretty sure those who judge that must also have their own role to examine in Canada's ongoing love affair with colonization. Francine recommitted herself to the Catholic faith at Medjugorje, and was at the Vatican for the proclamation of the first Indigenous saint in North America, Algonquin-Mohawk Kateri Tekakwitha, "protectress of Canada." Francine draws strength from her faith, but acknowledges there is conflict, too:

> *Picking up the drum*
> *Singing and dancing*
> *in my dirty moccasins*
> *What will my Jesus*
> *Do to me?*
> ("Through Time")

But mostly, for Francine, the faith she nurtures fuels her ongoing journey to seek and receive wisdom. And this is the gift she offers in her insightful first collection. So I invite you to dive in. *Astam.* Witness the inextinguishable fire, break open the gates, and let the healing water wash over you. Let your own journey begin.

*Ekusi,*

*~ M. Jane Fairburn*

# Iskwew Pasiko

# Nohkom

Nohkom
Ki nētawikēw mēkiwapēk
Wēposkâw Sippîk
Manitoba askîk

Kiskisēw anima kisēkaw
Pisim e pitoki câkasōt
Ispimik mēkiwapik

Ki wicayamēw ōkôhma
Kiskisēw mooswa ka minahōcik
Asici omosōhma
Mēkwac e pimiskacik
Witha kakē wapamat mooswa

Ki takopitik nipēwinik
Mayaw e n'tawi nikotēthit
Maka ki apaham piminakwan
Ēkwa ki itotēw nasipētimēk
E pitawat e pikiwēthit
Kiwēpataw ēkwa kawē
Takopitisēw nipēwinik

Kētwom kisēkaw pitawēw Okōhma
E acimostâwât wēc-Iskwēwa
Eki namētat nasipētimik nosisim
Kapi ēkospik oci ni kē kitapamik

Nohkom ispik ki pakwah ayamihaw
Akathasinak nekan ki pimitisaham
Ki otapahik mistatimwa
Ayamihikamikok ki isi otapasōwak

O papawa ki withik nisto-mitanaw
Osam e ki kasakēt
Awasimē siwicēsah e n'totamawat

Kika mitahato-mitanaw piponiw
Maka kiyapihc kwayask kiskisiw
Acimow ēkwa mina papapiw
Nohkom

# Aspin Ohci Kayas Namoya Kiskisiw Awiyak

ni ke pētēn ohi pēkiskwēwina
kakapi iki pētakwaki
aspin ohci e awasisiwiyan
acimowina kayas ohci
kayas ithiniwok e acimocik
e nitotakwow mēchēt iyinēwok
mitone e pasitēk ni mamitonēthēcikanēk
akwani ota ka ayayak
kayas ohci

maci maka omisi
ēyikok wayow kayas
motha kiskisēwok iyiniwok

tanspēk ohci ota kitotēmak
kakē ayacik ota Kisi-Saskatchēwânaskik
ni kakwēcimik masinahikan
acithow ni pēyun
ēkwa ni masinahin
aspin ohci kayas moya kiskisit awiyak

mayi Saskatchēwân isiyēkatik, ota ki
wikēwak kayas ithiniwak
namoc awiyak ni ke naskōwasiyik

# Matciyiwin

ni ki paskithakan
nēhiyaw kiskino-wamatowikamik
iskonikan pimatisēwin
kitima notinikēwin totamowin
kitimakisiwin mēkwac kiskino-masowan
namoc nippi appo mēsēwikamik pētokamîk
moniyaw pēkiskwēwin eka e nistotamak
e-sipwēyotēhoyak opi-mē e kiskino-hamakawēyak
pikwēthitamowin

sikisiwin
e-pakwatikawiyak tato kēsikow
e-pēwithi mikawiyak
e-mētawakatēcik Iskwēwok

ēkwa na n'tawēthimiyan ta itēyimisoyan
nēya pikwaci ithinew, Iskwēw, kakēpatis
okiskwēpēw, kakē-thaskisk, okimotisk

motha ikosē nitēyimisōn
motha anima ēyako nitha,
motha anima ēyako nētha

# Kawe Otinam

ni pimotan
ni t' ayamin
ni pimatisin
kaki wapaten ci ni pimatisiwin
mayinakwan eta ka pimoteyan

ni kē tipeyimisonan
namoya ciskwa itakwaki itawina
namoya ciskwa kiskino-matowikamikwa
mikistayikēcik, acimocik, ayamēhacik

ni kē kitimahikawin
ni t'askiy ēkwa ispik neyow
askiy ēyikok e-mēwasik
kakēyow kēkway e-kanatak
nippi mina
mistikwok
ka paskwak askiya keewetinok
pawacikanases apisis e-wascēsik
e-takithowēk
tato kisēkaw

ni ke itnēwinan anima tapwē
awasimē niyanan miyo iyiniwak

monia pimatisēwin ni ke sakocihēkôn
kē sapo payin
ata eka e-pakitinayakwaw
e-samincik, e-otētincik, e-wēsakincik

kawē na otinēn nēyow
kawē na tipēyitēn ni t'askiy
kawē naka otinēn ni t'itawina
e-mēkisistākēyak, e-ayamēhayak
ēkwa e-wētaman nit' acimowina

# Ni Mama Osakihewēwin

ni kawee
pēyakwan kayas ithinew
opimatisēwin
ki misēwēyaw
osakihē-wēwin
missiwē ke kekiskak

nitawikin sakihētowin
kayas
eki osētat
kisē manitou
sakak askik ochi
ita sēpiya
ka pimiciwaki
ēkwa sakahikana
ka wasē kopathiki
ispi ka kēkisēpayak

ēyako anima sakēhiwēwin
kakē wanēskanikôt
wēpatch kikisēpayak
ta pimiwinawatikoyak
kēkisēpa mēciwin

ēyako sahihētowin
eka wikatch kakē ponipayik
kiyam ka missē thotēk
apo ka mayakamik

ēkwa kēspin kiwē kiskithētēn
oma sakihētowin
pimiciwan
ka pētēn
pakamaskē-wēwinik

kakē wapatēn
ispi mana kohkom
ka pakwēsikanēkēt
kôtawanēk
kisiwak sakahikanēk

kakē kocispitēn
ispē ka mēcēyan
ōske
mooso wēyas e kēsitēk

kakē pasôn
ka mawisōnaniwik
wēkaskwâ
anihi ka ôsikatēki

kakē mōsētan
ka akwaskitinikawēyan
pēyakwan eka wēkatch
awiyak kawē pakitinisk

ēyako anima sakihētowin
ka pimakotēk
ka sapôstawēpayik
nēyanan kakē kē

eka e pēkopayik
sakihiwēwin
e pimakotēk
kakē yow kisikawa
ocēcēk e ki osētamakoyak
opimacihēwēw

# Wastēw

e-wanti-piskak mēskanow e pimotēyan
mēcēt tipahaskan e ayamihēsôyan
namotc e kiskēyitaman e wanēsinēyan

pēyakwan Manitou e samēnît
pēyakwan nama kēkway
nama wēkatc ni pēyako pimotan, ni
sakihēkawin
otē nikan ispimēk ni pakosēyimon
nēya pēyakwan miyo apacicikan
kostatiko mina mitho osēhikawiyan
e-miyo sakihēkawiyan

kēspin kitayan wastēnikan
meewasin ta mitho wasēsōyan

# Wanihikan Askik isko Othasowēwinik

tapwē piko wanikē waskik
isko othasowē kiskinohamakamikok
e tēyimisoyan pēyakwan kakēpatis
e kakwē otinamak apacēcikana
ēkwa e kiskinohamasoyak
tansi ta isi pimacihēsoyak

e sikisihan kiskinawawikamikok
pēyakwan sōsoo atim ēsayayan
ēnōtē sapôskaman
taka kaskitayan ta pēkonaman
wapamôn wachi
e waskan tapasōyan
ota nitapin e kinawapēyan
ta wicihēcik anihe kitimakisak
ka wēkicik Iskonikanēk
peyak kisikaw na soketēyan
ta pitôs ispathik
ka notēpayicik iyiniwok
kwayask nimamata-wēyetēn
oma piko ta miskotastēk

# Othasowēwina

oyasowēwin kwayask sookan
iyinew othasowēwin
e pēyatakak ēkwa e kisēwatak
othasowēwin ta pimitisahamak
ta macitayan ēkwa ta ponētayan

ki chakini-kihikôn
tatwow ka pakamahokowan
ithinew pimatisiwin ki pimacihikôn

ekotē wakotowin pimakotēw
moya kapē pisimokan e pimitisahōt
maka mina kapē miyo pimakotew kakēyaw kekway

othasowēwin miciminam
moniya pimatisiwin kēkwaya
iyinew othasowēwin ke miyikonaw
maskawatisēwin

othasowēwin kapē otinam kēkway
iyinew othasowēwin mēkiw kēkway kapē

otahsowēwin kapee astēw nistikwaneek
iyinēw othasowēwin
ki nētawikin netēhēk

# E Mithokatcimikawēyan

moya ni ke wi atoskahēkwok
namoya ni ke tēpa-siwasôn
ta takike yēmicik, ta mishtahi yēmisowan
oskēsikwok piko ohci wapiwok
iskwēw e kinonskwē-osawistikwanēt
e osawayik oskēsikwa

ni wapamawok
sēkisiwok, mitone asēpayiwok
pēyakwan eka kēkway e totakik

moya wapatamôk
pēcayēk oma netēw
ni mamma ocēcēya kakē
nakatamawit kwayask tato tawak itinew
ēkwa notawi kwayask meskanaw ta nawitisahaman

niwi tēpwan
e othasowaseyēk asa
ēkwa eka e kiskeyimiyēk

osam asa mistahē kēkway ni nakiskēn
anihi kēkwaya ka kiwē kiskisiyan
maci kēkway notētinikon
maka acithawēs ni papisin
e mamaskataman keyapitc e ayayan
pēyakwan pēyak miyo kēkway

nistam kakē maci pasitēk
iskotēw ota askik
kapē ta pasitēw kakē kē
asamina kētwam e atawēyimicik moniawak

# Mēcēt Pisimoyapiya

e pimowkowan kicikamekok
pastaskwâykēcik, e wastēpayik
e missi pastōsēwik
e kasowan pēchayik e apisasik wati
mamiskōtc e ispathihōwan
e nanampayiyan, e nanamacēyan
e pēyako matoyan
e pikiswasit awiyak apisti itētakosit
e nanakaciyēkoyan, e poni maci kisikak

e ati kimiwasik
ni sâkāy, e ati kēsōsiyan
kitci kitci mitahato-mitanow
e apisasiki pēsimiwapiya misiwē nokwaki

# Iskwew Apiw Wekik

# Kistakētēw Nehiyaw Pimatisēwin

Ayamekimawa ēkwa ayamehiskwēwa oci
Ta mitho pamihawok kapē
Ēkwa ta mitho mētsowôk tato kisikaw
Ta mitho ayawak ēkwa ta papiwok piko
Tato kisikaw

Motc, itēwēw Joe, ekosi maka
Na kaskitan ta pamēyakwow n'tawasimisak

How maka Joe
Kēspin motha ki pakitinawok
Ki tawisimisak ta kiskinohamacik
Namotha ka mēthikawin ki t'awasis masinahikan

Kiyam, itwēw
Namah n'tawēthitēn ki masinahikan
Kakē sēkwahēn eta
Eka pisim ka wasisōt

Nisto napēwok sipwētēwok
Pēyak okimakan astotin kikiskam

# Tanikē Ni ke Nitawēkin Pakēkin Maskisina Nisetēek?

tanikē ni ke nitawēkin
pakēkin maskisina ni sitēek
ēkwa wēkuskwa ni tēhēk
ēkwa mina maskēkiwatik nēstakak
tanikē kakē wēciwakwaw pisiskiwak
ekwa e wēci pimēyamakwaw piyisēsak
mistikwok kakēyow nistēsak ekwa nimisak
sakahikana eyokani ni sikôsak
sēpiya ēyokana nokomisak
asiniyak eyakwani
nohkomak ēkwa nimosohmak

ēkwa pakēkin maskisina ni sitēk
tapwēwin ni acakōk
wēkwaskwa e pēpotēk nitēhēk
kakēyaw ni wapatēn
pakwatitowin mina wanacikēwin

ēkwa pakēkin maskisina ni sitēek
ni pimotan ēkwa ni matôn

wēkaskwa pepotēna
maskēkiwatik kawipayew

namoya ni kiskeyitēen ta totaman

# Kakepatis

Peyak napisis schoolik kayas
Ki kakē patithimaw
Ki sikēkwamiw tato tipiskaw

Kiscisinan kisiwasiw
Tipwatēw thasatawē
Ēkwa takona ki takopa
Kakē patis maci nētha okimaw

Nanipiwisiw awah napisis
Ati thasatawiw
Waska mētsowikamikok
Ēkwa kakēthaw mētawakatik

Nista ni wicihēwan
E papiyak
Motha ni pastahun etēthitaman

Peyakwaw e pipok
Ni ke pisci sikikwamin
Ni nipewinik
Ni matun ēkwa nitha
Manito tanikē oma ka ispathik

Kakē patis
Kiskithitam ka itinikēyan
Ni pi wicēhik

Pita ki takopa
Katha sikisi
Nētha na pimotatan kitakopa

Motha katatc itwēw
Ēkwa ekota ni kiskithimaw
Ethikok e kisiwatisit
Ethikok e ki kitimahak nēsta

# Miyo Wēchi Witowin

oki'stupēw otisecikēwina
sōki nakipayinah
ta mēskocipathiki
naspitc nakipathinaw

maka peyak
oski wapatamowin
mewatc osicikatēw
miyo wēci witowin

pēyakwan apisti awasis nistam ka pimotēt
ikosi nitawikin uspiyimowin
pēcayēk netēyēk
apo mēkwatc ka mōsētayan
atawēyētamowin ēkwa
nōtintowin

kētatawi nēti nēkan
ispi namatēyani ota ohci
kēspin ni pakitēyimawasowin
kakēyaw ohci kakē wantotakawiyan
anihi kakē mōsitayan
oma wapiwin
ta ispayik
tapwē piko ni mōsci mēkin
ni pakitēyitēn

# Ekwani ponipayik Nepin

Kaskēthitami thowēw
Piyatakan meskanak
Motc pisim osam kisisew
Ēkwa nēpiya misko nakwanah
Miko ēkwa ati wapastēnaw
Kithipah ekwa papēyatak thotin

E pimotiyak kiskino-matowikamikok isi
E ayamēhak ēkwa e papiyak
Mati matwēsin sēwēpicikan
Asa takki kikisēpayaw
Ēkwani e takwakik

# Kakēyow ewakotocik sepwēyotēwok

osawisew apist'iskwēsis
ki notē itotēw Disneyland
meskotc ni ke itotan wanikē-skanak
pakamahiki sakahēkanik

pimithakan ni ke opastimikonan
ispimik wayow apo nawatc mistikwok
sakahēkan ēkwa kōtak sakahēkan
ōskētakuwan mina osketakonakwan
e kapatēnasuyak
e nisowinakwak asōkan
pakwēsikan ēkwa la patakwa e awatayak
waskahikunēk namoh kēkway piskēcikamik
peyak missi nipewin ēkwa okimaskwēw nipewin
ita kake nipacik ni mamma ēkwa ni papa

mistiko mētsowinatik ēkwa tētapiwina
kakēyow eki mosci osicikatēkiy
peyak kaskitē kotawan napisk
e kinwake pēwapisk okōtaskwaya
e sapō nōkwaki wayawētimēk ise

ēkwa ayamiwin (two-way radio) ispimik e astēk
ita eka ta kakepastēk
ithiniwok e acimocik kapē kisik petakosiwok
nakamôna e petakwaki
Johnny Cash e nikamot "waska pasitēw"
ēkwa nikamo missi "pasitēw, pasitēw, pasitēw

kōtawan wathawētimek astēw
ita ni mamma kakē piminawatikuyak
peyak askik le tēa
kapē eki apit kotawanēk

nawatc ta etotēyan
pakamahikan Sakahikanēk
espitci etha Disneyland
tato nēpin

# Kaskatinaw Sakahikan

Kaskatinaw Sakahēkan ka itotēyak
ethikok eki mithosik
ni ke manokanan pēyak minstikôk
ekwa ēkota ni ke ayanan nēso ispathin
e pakasimoyak ēkwa letea e minikwēyak

tato otakosin makwak e ki tēpwatikoyakwaw

cēmanēk ohci e kwaskwēpicikēyak
e kiyokēyak kotak kapēsiwina
akamēk kotak minstikok
osam piko ke wasēskwan tato kēsikaw
askēw mina ke kimēwan
apo ēyakwani ki mithosina

anima pakwanikamik apakwasôn ohci
aspisēmona ke thoskanwa
ēkwa mina ka kispakaki papakēwayan akoopa
kakēthaw nit'isana ēkota kakēthaw ke nipawak
mamaskatc ēyako moh ka tapwētēn
kēka mitahat e mamawi nipacik pēyak pekwanikamik

nēso ispathin
osam piko wayawētimik
e waskanapēyak kotawanēk
nasēpētimēk e pakasēmoyak
askew kēnosēw e kwaskotēpēt

kwayask ni ke asamēkonan ni mama
kenosēw, lapatakwa ēkwa pakwēsikan
kōkōs ēkwa wawa e kisēpa mēcēyak

ēyikok mina e mithôsik askiy
ni nēkihēkwak asicih nēcisanak

# Nehiyaw pitus isi pimatisēw

motc awasimi nocimik ni wēkinan
e ke papami wikēyak kapē nēpin
motc awasimi iskonēkanik ni wēkin
motha awasimi ekotē ni kiskinamasôn ayamēcikēwin
apo ta papami kiyokēyan pēyakwan kayas
e kotawēyak kapē nēpin
otēnak ēkwa ni wēkin e atoskēyan petokamēk
nipē kiwan TV e kinawapataman

ni ke nitotēn mana
ana onikanēw
nawasonewuk ekwa okimakana
ēkwa mina othasowē ithinēwa
mina ota otēnak
ni nawasonananuk
opim patawi okēmawak

ayo mana ni ke papami posin cēmanik
ka pimotēyowan
ēkwa mina askaw
piwapisko ceman
maka ēkwa otapanask ni pimakocinin
otē apo wathaw itotēyan

ni ke nehiyawin
ēkwa ispik pacapees
ēkwa pitus ēkwa ni tisithēkason
anotc ēkwa
pikwaci ithinisis nisēthēkatikawin
nehiyaw maka kapē nēya
nehithaw
kapē mēskocithēkaso

# Ataweyimaw Nehiyaw ota Canada

nit'isēnakosin pēyakwan nēhiyaw
e ayamēhan nēhiyowēwin
tanesi tokwe kawi isi pamehecik
peyak isko kotak itawin
apo peyak missi otenaw
isko kotak

ni kakwecimikwak kekwaya
ni wapamawak e kise kinowapamicik
peyakwan kekway oma ohci ka ayameheyan?

tapwe mamaskcac ka isanakoseyan
eyikok ta pakwasicik ohci

motha anima ekosi kapee
askew iyiniwak ni mamaskatawac
e papakwatethetaman
peyakwan nekeek iskonikanek e ayayan

askow opimee namoya niki pakitatamon
ekwa askew opimee ni peyako tepethimison
maka osam piko moh nantaw ni teyiteen

kwayusk iskateyetakwan ta pakwatikaweyan
mitone ki maska-mikon ki pimatisiwin

moya maka kotuk aweya niwe ayan
ni saketan ni tayamewin

ni pimatisiwin
ni acimowina mina ni ise-cikewina
miyoyawin ka mosetayan
ka nakiskawacik ayesehiniwak, moh nantaw
ite ka ayayan pikwetey waskitaskamik

# Iskonikan Kesetnewatim

ēyako iskonikan pikwatastim
kiskithitam ki t'acimowina
moyiw iskonikana ki etakwaki
e pimitisaykicik wanihiki askik isko
e taki kikisipayak e mowat
atikamikwaw kisiwak kotawanik

motha ki mecitiwak ithiniwak ikospi
osam piko pisiskiwak pēyakwan
amisk, mooswa, wapoos, mahikanak
ēkwa mina pithisisak
niskak, sisipuk, hahasiwak, ēkwa pithiwak

ki wicasin pimatisiwin
pee wicihitocik
e asakicik mina e sakihitocik

mistahi kēkway ta totak awiyak
e mesahak wiki astaskamikwaw oci
e kasikwatak wapooswan maskisinaw
e mawisot, pastiwēyas e ositacik
ēkwa kinoosiwa e kaskapaswacik

ki mithosin
e pimatisiyak
peyak kisikaw piko isi
e wapak ekwa e pakisimok

maka piyisk petus ispayin

e pitokeyak menikanek
nama e ki sipweteyak
waskahikan e meyikaweyak
pecha iskonikanik

peyakwan otape-wastim

# Iskwew Peyako

# Apwetoki Kiya Miko Iyinesis

apwetoki kitha miko-iyinesis kespin
taxi ka pooseyan
semak omis ketik driver
"ko'soniamin chi?"

apwetoki kiya miko-ithinesis kespin
ki nawas'watikawin
ataykamikok mayaw ka petokiyan
apo kespin ochachawes itwew
kaki nastamatin ey'nanew mitanaw ochi
tato pisim ka tipahin, mamaskatc napew!

apwetoki kiya miko-iyinesis kespin
itoteyaniw metso-wikamikok
wanikiskisiwak ta otinakwa kin'tocikewin

apwetoki kitha miko-ithinisis kespin
kiki itotan residential kiskino-matowikamik ekwa
itwewak mati ekwa ponowetah, wanikiskisi ekwa

apwetoki kitha miko-iyinesis kespin
kayas acimowin kiskinomawin ki kakwecimikawin
ta pikiskwetamawacik kakithaw
pikwachahi ithiniwok

apwetoki kiya miko-iyinew kespin
ki wetamakwak mati atooskewin kakwe aya
ayisk kitha peyakwan machanees
maka moya awiyak ki we atooskayik

apwetoki kiya miko-ithinesis kespin
ka natamawacik miko-iyiniwak
ita ka masinahikecik moniawak

apwetoki kiya miko-iyinesis kespin
ki wekin kichi ki taskik

# Kostatikwan Acimowina

Ka Wanihecik mina Ka Nipahecik Iskwewak
Kostachi acimowina
Osam mechet nipatakewina

Osawi-awasis Tina esiyikasot
Taki kaskitat ta nimihitot ballet
Maka peyakwan machi-iyinew itacimaw
Peyakwan machi-kwanas
Kotak okeskwepiw nawac
Ta minikwet e maskawak minikewin

Ekwa katha wanikiskisi
Colten Boushie
Acimowina ekwa oyasowe iyiniwak itwewak
E ki minikwet
E pischi nipahet, e pichi matwewek paskisikan
Gerald Stanley paspiw
Moya nantaw e totak itwewak

# Neyanan piko

nehiyaw omikom pimiciwan
missiwe nehiyaw askik
ayo ohci kistikew
apacecikan, tapwe mamaskac
moniaw paskiswew peyak
nehiyaw oskinikewa
semakanisa natomew
ekwa minikwew kaskitew wesaki nippi
mekwac miko e pimiciwak
askik isi

osam mechetwa omisi ispathin
kakape wawepach
ke kiskisin na kestesinaw Leo?

taniwe maka kwayask oyasowewin
apwetoki moniaw piko ohci
neyanan piko itwewak

ne note wapaten peyakwan ta isi pamekaweyak
ni pimatisiwinek
peyakwan Saskachewan sippi
eyikok ka kiseciwak

# PA Kiskino-matowikamik Awasis

eynanew-mitanow aketasowin kayas oma
keyapic eki aspichi awasisiweyak
e kanawethimikaweyak kotakak iskwewak
wathaw ohci nikinan e ayayak
peyakwan kipawakanak
iskwesisak e matocik
mekwa e tipiskak
ni t'acakonanak nansekac e nipowisicik

e kakwe kiwecik awasisak
ka otenecik ketwom, piko ta tipahikecik


pakiteyitah, kawiya kewetotah
itwewak, maka mehi
niki pakamahokawin
hahow maka, na ponowetan
maka nan tawi minikwan mistahi

# Aniskac Kitimakisiwin

omisi anima ka ki macipayik kayas ohci
ni chapan nokohm
missakamik askik wathow ohci
isko ni mamma ekwa nitha
eko anima ka itakwa drama

negan e pekonikateki asotamakewina ekwa
ispik residential kiskinohatowikamikwah
ekwa ispik kinikwanakotew peyakwan
ka itakwaw Nikotasik Awasis-Maskatowin
akamatowin otatoskewak, awasisa e maskatwecik
kitimakisiwin, notintowin missiwe
tapitaw e machi-payik
peyakwan sikiwin apwoy

kakithaw oma ekwa awassime
ekwa e kawkwecimeyan
taneki ka kisiwasiyan
motha e nitonaman nootintowin
e wi apihoyan anima nestah

e wi nanatawehowan oma
ekosan'ima ka isayahan

# Tato Tipiskaw Tōtamōwin

e nothawasot awasisa
mekwa e nepayastek
e tipiska athostek
e kesowaspisot omama ospitonek
e papawantehet
tato tipiskaw peyakwan

saschi machi payin
pekopathin peminakwan
apetatipikak apischi nepewinsa
petakwan papeyatak e matot awiyak
e kithaskit
eka e n'taweyetak ohi mispitonah
e piko tehet awiyak
tato tipiskaw eyako ispayik

# Iskwew Ati Kewiw

# E Otetamak Nepin Pisimaw

Onikapik e asohotiyan
Kici mitahatomitanaw pakikin maskisina
Ki pimotēmakana
Ēkwa nipin isi e pimotēyak
Peyak ministikos
Astēw sakahikanik

E pakisimok mewasin
Ka ti pakisik pisim
Pēyakwan e ati kosapit
Micit acaskosak nokosiwak
Mēkwatc e apiyak kotawanik
E acimowak ēkwa e papapiyak
E misi tipwē papit
Kimoc papinaniwan
Le tea kisakamitēw

Ni pakitinen iskotew ta astawek
Apisis piko iskoces
Nansikac ni kawisimonan
Mokekaway petackwan
Pikwanikamik e takopitamak iskwatem
Isko ta wapak

# Tato Askiy

Namekos
nakwaso athapeek
ta mechisocik mechet notikatecik

Amisk
tasoso wanihikanek
takki chichehah ohci

Wapoos
Nakwaso nakwakanek
Waposwanak ta akwanahocik wanihikun askik
Ekwa weyas e wekasik

Mooswa
pe matawisew
pasti-weyas ta micicik soosko mitathanak
thooski pakekin

Ni tacakonanak ispimik etasicik
eta Kise Manitou ka ayat
oskana e sikopathikih
kawe pikotey isi

Mechet kichi mitahato mitanaw askiya
nikamona mina nimitowina
e pakama-skecik
e thipataki pakekin maskisina e kikiskakwaw

Nohkom mawisew minisa
kakway-watek
eka e nanekisit
wathaw nocimek

Tanti aspin atisaman?
ki wanitananaw nimihetowina mina nikamona
e nistapawekiw
tanti maka ka isehepinikateki

Nohkom ni ke wetamak
ke netawikiw mekiwapik
Opaho-pisim ka akaimet
Peyak niiskesik
e kinowapamak kisikaw e pisim

Motha osam kayas
keyapic ki petenanaw nikamona
wathaw ite isi
E natimikowak, petotee

Pakamahaskewin otinamani
nikamowani mina nimehetowani
ni thipachi pakekin maskisina
Tansi Jesus
Na totak?

Keyapich ota ayaw namekos
keyapic nakwaso
mooswa ekwa wapoos
peyakwan mechetiw
Amisk keyapich meyosiw
Soniaw ohci e meskotonet

Nipewin tetapiwin eyapeyan
e mamitone-thetaman sippiko-mina
mensapwoy ta osetaniwik
ekwa pakwesikan
otaskanak
kisiwak astew

# Ni Gawee

Nehithaw Iskwew
E wakisekotet
Kaskitew titipaniyew-stikwanew
Eyinithesiwin ohci anisko-wakomakana
Missiwe ki kikiskak

Eki opikit
Nochimek
Ki mithethetam ta piminawasot
Kotawani mechiwina
Mooso weyas
Asichi kakithaw kekway
Itiniw kinoosaowa
Asichi askipoya
Siseep pakwesikanapoy
Wapoos pakwesikanapoy

E osekinoosaowet
E pansawet mooso weyas
E paskopitat siseepah
E pakonat wapooswa
Mokoman miciminam, pisiskiwa kotuk ocicik

Ki mechetosew ni kawee
Miskesikosah e kinawapamikot
Ki takopitew ochawasimisah
Ekwa ki kawisimonahew ocawasimisah
Peminakwan wewepisonek
E nehiyaw nakamo kakesimat

Wanekew-askik mana ka nepeek
Ita ka ki opikit ka oski pimatisit
Kisse-pa meciwin kotawanek ki osetaw
Pakwesikan waska kotawanek

Ocesisak-meciwin kotawani-waskikok osetaw
Ekwa nethanan nocimek e metaweyak
Waskahekansah e osetayak

Ekwa anima mistiko-waskahikan
Kotawanapisk e apit wikwetakak
Takoc nipewina ekwa ayamiwin ispimik akotew
Ita "akwani" piko ta itweyan ka poni-ayameyan
Tatwaw ka itisahaman pekiskwewin
Isko ka takwastak pimithakan
Kakithaw ta kiwetahekoyak

Akwani

# Otakosin Mecisowin

Nisgi pakwesikanapoy
Nisga oskana
Pakwesikan mecisowenatikok
E sasopatamak pakwesikanapoy
E acimowak acimowinah
E papapeyak, mina e papinakoseyak
Mooso weyas asichi wechekaskosiyah
Askipoyah
Pakwesikan
E akocimayak pakwesikanapok

Mitone e tomitoneyak
Wekusk wapoy
Ethikok e wekasik

# Anima Saskahikan

Saskahikan e wasekamik
Nasipetimek
E mamakayak mana ka missi thoteek
Ekwa mana ka athosteek
Peyakwan wapamon ise wasekonakwak
Eyako nechewakan ka awasiseweyan
Kapee ekota e ayat
Kakike e mocikiseyak
Ka mamawi pakasemoyak
Ka sakasteek isko ka pakisimok
Kapee ithikok e taki-kamik
Ekwa kapee atampek e wawaninakwak

Asa mana kioosao ka kwasko-tipet
Makwak mina e pimicimecik takoc nipeek
E kaskethe-takosi kitocik mana

Anima sakahikan
Moya mosse mamakayan
Maka pakachi ka missi thoteek
Kostatikwan

# Kichi Mitahato-mitanaw Otapasinahikewak

Peyak saponikan
Asapap ekwa mikisak
E mamatawi kasikwatecik
Waskic mooso pakekinok

Wapikwaniya missiwe e kasikwatekwaw
Pisiskiwak mina, apo kisikok ka wasisocik
Kisikawi pisim, Tipiskawi pisim
Ekwa mina acakosak

Mamiwasinaste wapikwaniyah
Miko, peyakwan osawi, ekwa osawi mekisak
kaskite asketako nepisesa
waskic thoski pakekinok
E kaskapatewi-makwak

Nantoc esi nehiyaw masiniwina
E pawcikatekwa kichi mitahato-mitaniwak
Askik ohci
E pimatisemakaki
Ayo anihi ka nakacetacik ociciwawa ohci

# Iskonikan Pimatisiwin Nehiyaw Iskwewak Ohci

Ota ci nitayan
Ayo piko
Ta osetamatan
Pakekin maskisinah
Pakwesikan
Ta postiskaman
Pakekin ayansah
Tipethak ta nokotwayan

Miyo papenakosi
Tapwe naki
Osetan siseep pakwesikanapoy
Tanesi maka
Ka isi wechihekoyan
Ni tapwetakwan
Nin tawethiten
Motha-yawin

Tapwe ni kakwecimikawin
Tantato mestakay sisopacikanah
Anotc kaki minikewyan
Tipiskok?
Awiyak ka note-kiskethetak?
Nin tawetheten
Wasenamawin
Macha wasisak
Ki pikwatahamwok
Tipiskok

Ni ki maweson
Meensa
Meensapoy ni ki osetan
Ni tawasimisak
N'tawethetamok
Mitho kiskinomakewin
Maka Awasisa Ka Maskatwecik
Ota kapee ayawak
Mati kethawaw!

Ni weciwakanak kakiyaw kekway note kiskethetamok
Taki kanawethetakwaw
Otayaniwawah
Kinoosaowak
Mistahi nitayananuk
Tiniki manito
Moh wekatc
Na otenikawin
Ta pimpatayan
Okemakan
Motha Iskwew
Eyako ohci etwewok
Tapwe isa moc!

Tapwe
Na ki
Mitho
Nehiyaw
Iskwewin
Maka soskwac
Kekway etoki!

# Iskonikan Weketowin

Iskonikan weketowin
  Ka wakotocik ohci
  Neyanan'osap onekanikapawi-iskwewak
  Peyakwan kakithaw eseyocik,
  westakawawa mina
  Neyanan'osap onekanikapawi-napewak mina
  Kakithaw e takakithimisocik, e miyo seyocik

Ikwa awa oweketo e pehot ayamehikamikok
  Ekwa anihi iskwewa ka wi wekimat
  e pimotahikot otawiya
  E nanepewisit maka mina e takaki-nakosit
  Mikisi-acansa wetawakak, nepekana,
  e papinakosit

Ekwa ka poni-weketonanawik
  E cikastepicikecik kisiwak sakahikanek
  Neyanano-mitanaw ociwama,
  ociwamiskwewa, papiwak
  Notepathiwa mepita, kispa-kitonewak,
  miko-sisopekahowin
  Otonewak, akwana, ki kesetananaw ekwa.
  Takaki nakosewak, ekwa sipwetetan
  ikwa kithipee

Minikwesiwak ekwa
  Otosisa wekithek wathawetimek
  Putwhy-sir, potka, ekwa Balm Pays
  Kwayusk ka keskwepananaw kape
  tipisk itwewak, ehe!

Nimmawanan
Miko mina sippe-kwaw
Itinatew metsowak
Kinoosao, askipoya, mina weyas
Mooso weyas, KFC, ekwa pakwesikanapoy
Ni mociketanan, hiy! hiy!

E maminikwesiyak
E papakametatayak pewapiskwa
Ta ocemitocik oweketowak semak
Kenwesk ni peyonan maka pithisk

Eyako weketowin iskonikanek, ni mociketanan!

# Motha osam Wathaw

Moya wayow otanak neya
Ise ka ki isi pimacihesocik iyiniwak
Sakac kisewak nipek

Ekota ni mama ka ki opikit
Tato kisekaw e acimot
Wapooswan akoop ekwa sita nipewina
Wayawetimek acakosak e nokosicik
E pipook ekwa e takayak
E pimoteyocik wekiwak isko
Atimok e otapecik
E pestewipayik pakitatamowin
Otawiya e sekimikot ta pimipatat
E notesekwaw atimok
Mechet tipahaskan asa e pimipatat
Ekwa pethisk e poseyet acithawees
E pakitawacik ekwa e natathapecik
Mechet okawa ekwa e pakocenacik
Kinoosao e osameyatit

Motha ekosi netha ka ki ise atoskeyan
Maka ni ki itotahikonan eta ka ki pakitawacik
Eta ka ki opikit
Mechet pisim ekota e ayat
Nipin pethisk takwakin
Ekwa kawe iskonikanek
Kapesiwin wathawetimek
Ethikok e papakwatethetakwak
Meciwin, acimowin, ekwa sakihetowin

Ni mithetheten mana ka kimiwak
Petokamek e kesowayak
Nita kopinak
E mithoyayak
Ekwa e peyatakak ka kikisepayak
Notawi e ponak kotawanapiskok
Ekwa ni mama kisepa meciwin osetaw

# Kakikee Sakihetowin

Kinawapimitowak
E nimetonanewik mekwa nepek
Saskahikanek kisiwak
Owakotowak ethiniwok
E mamawi-nanaskomocik
Mechet pipoon mayawipayin
Mayew
Weketocik
Machewak ekwa
Mawisowak e wecihitocik
E sakihetocik
E papami-wecewacik
Otawasisimiwawa
E nokotacik
O sakihetowiniwah

Kinawapimitowak
Eta ka pimotaniwik
Kiskinomato-wikamik
Takayah mina tipiskaw
Keyapic maka miyo teheewak
Sakihetowak
Mamitoneyecikaniwak piko
Patima ka nakatakwaw kiskinowato-wikamik
Aynanew awasisak
Neyanano-mitanaw askiy
Peyak waskahikun otenak
Eyako anima
Sakihetowin weyawow ohci

Kinawapamitowak
Masinahikan ayamecike-waskahikunek
Weya keweetinok ohci
Ekwa napew sawanook ohci
Iskonikan iyenesesak
Missi otenak
E ayamecikecik missi kiskinomato-wikamikok
Tapitaw
E nimehetocik
Neso masinahikana
Miyo atoskewina
Peyak mina apetaw awasisah
Menikan
Eyako anima
Nokotawak e sakihetocik

# Pakekin Maskisin Powatamomina

Nohkom pawatam
Kayas pimatisiwin
E kinawapamat okohma
Pakekin e matahekethit
Akawasteyak
Oskatakwak ispimik
Pisim e kasikwatit
Sakimesak e cistahikecik
Apwesiwin pakecicewan
Maniway kispakaki

E mansakwa masinisawana
Papeyatak
Pakekin maskisina ohci
E thoskak micicek miciminak
Mekisistahekecik masinisawana meyosiki
Asketakwaki nipiseya
Waposwayan waska-kwatek

Nohkom
Petokamik akawac e wastek
E missi yotek
Wastenikan e tekitek
E thasicewak papeyatak
Pakekin maskisina
Mochek
Akwanaho akoop
Iskotew ati astawew
Ati pasakwapiw

Nohkom waniskaw
Kisakamisikew
Kisepa Le tea
E pakamisimat o piminawasa-kaniskewa
E natonak
O tothakan
Pakwesikan e we osehat
Kenmore kotawanapiskwa

Missi-otapanask mechet ka otapasocik posiw
N'tawi otinekew Co-op
Pakwesikansak ka sugawecik
Osisima iskwesisa ohci
Pitamac maka peyak minikewpataw
Minikwekamikok — iskote-wapoy

Ekwa kawe wekiwak
Pakekin maskisina kikiskam
Anisko mekicik
Tato askiy kakike
Thoski pakekin
Miyo masinasocik wapikwaniya
E meyo mececik sugawi-pakwesikansa
Otanak waskahikanek wathawetimik
E kisastek
Apwesiwin e thasaciwik
Ni kispaki kakwan

# Mooso Weyas Mechiyak

Kakiyaw aweyak meyeyetam
Nistam e minahot omachewi-yinew
Mama tasaham o mokoman
Ekwa pansawew peyakwan namakekway

Tapitaw moh kepichew
Kaskapasike-wikamik osetaw
Mikiwapekiw, apakwasonah ohci
Ekwa akotaw pansawe-weyas
Akocikan mina akocikan

Le tea minikwew kisik e petwat
E saskamot cigareta otonek
Kisik e koyokawat wetsan iskwewa
Kayas e acimocik acimowina
Moh wekac chakinikew
Ayisk e meweyitak otatoskewin

Missiwe oskana ekwa weyas
Asakew wetsana asamew
Maskimotsa moskinataw oski weyas

# Iskwew Papiw

# Wēsâkicâk

Wesakicak ki pe Keyokew Tipiskok

Ki ayaw missi thotenek
Paskwa askik ka ki pimithowek
E ki asawapamat anihi
Ka we kiskisitotakot
Ispik anihi kesikawa ka keskwey metawet
Pisiskiwa ka nanothaceyat

Niki acimostak peyakwaw ka wici nemehitomat
Pithesesa, siseepa, nisga, makwa

Pasakwapisimowin iseyekatam
Machi e ki minahot ta mechisot
Kaskikwenew siseepa moyi mostinet
Ekwa ispik ka tapasecik nepinahisak

Nanothatisekew ekosi esayah
Ekosi mina keyapic esi akawatam

Nintotawah acimowina e acimostawit
Akwani aspin ka sipwe-asit

Namoya niki acimostak peyak oma
Maka niki peten ikospi ka awasiseweyan

Eki kinikwanotet nocimekmekwac e kisastek
Tako-tapisk e wasteyapiskisothit ki nahapew
Ki kesisam omesakan
Ekwa ki missi tepwew

Ekwa ispek kawe ka takosek ekota
Neso weyasisa ki wapatam
Maka mina kwayask ki notekatew
Ki otenam ekwa ke mechiw

Nanothacihik pisikewah omisi etweyit
Wesakicak omiki miciw

Maka anwetawew omisi e itwet
Motch...nohkom awah eki asamit
"Oma pastew weyas"

Motha etoke oma acimowin
Kan tawethetak ta papamakotethik
Maka motha ta wanikiskesiw anima kesikaw
Wesakicak omiki ka ki mecit
Omesakan kaki mechit!

# Opawikoscikanik

Opawikosicanik netha ohci
Hahasewak ekwa Omicaskosisak ka mechetecik
Minahekwak missiwe waskapewak
Mitho taki-thowew sakahekanek
Eta na nanothatisicik neechewakanak
Eyakonik neheyasisak ka iseyekasocik

Nata kwaskwe-picikiwak Opawikoscikani-ithiniwok
Ekakwe nakwatacik missi kinoosaowa
E kotawecik thathakam pewapisk othakan apatan
"Wiss" etwewak awina ka pwekitot

Wekistamwok pakwesikan ekwa le tea
Ekwa ka suschi-wethecik "eee" nata etwewak
Tipethimiso aweyak nochimek keweetinok
Ekwa nata naskwamowak "chee-e" etwecik

Opawikosikanik iyiniwok nata kapesiwak opimee
Pakwanikamikwa, akoopa, askiwi-pimi wastenikana
Oskipimatis pimakochin ohmosoma ohci
Weposka Sakahekanik isko Athekisepicikanek

Opawikosikanik ithiniwak wekistamok weyas
Sasapiskissamok lapatakwa asichi wecikaskoseya
Pasti-weyas wekistamok, kistethetamok thewahekana
"Ekwa mena e-mitho mechicik"

Mechet kekway keyapitc ka itwanewik

Maka pitamatc akwani ka kisetananaw
Ekosi

# Kisetiw Hoga

Iskonikan Iskwesis soki kisiso-sesawey
Mitone kekatc wanethetam

Kisis-sesawey aspisimon, nippi, wawakisimiso
Motha ekosa nakasketan, watstakatc Moskacas

Peyakwun kotawan pakwesikan ka pemahot
Ayiman ta kinekwan apocikwaniyan

Kekway oma ka itethetaman
Ethikok e kisetek, ethikok e wecikiseyak

Peyakwan weceki cheese espakoseyak
Mitone e soki wecekiseyak ka thotek

Tapitaw e mithakwak anima e wecekak
Namoya nantaw iteyetamok

E nepawinsocik, e nahapicic mocek, namaste
Mati-kitha, moya ketwom, awas-te kiya

Kekatc pakakam nike nipaheson
Ni Pimatisin maka Atawitha nikitha

Ki wetamatinawaw peyatak, ekosi maka
Katha kakwe pimina keyaw pikwesi-ise

# Kayas

Ke wechasin kayas pimatisiwin
Wathawetimek e kapeseyak
Kotawanek e waskanapeyak
Kakethaw netsanak ekwa ni nekehekwak
E mamawi piminawasoyak kotawanek
Ekwa e kaskapati semakoseyak kakeya

Pimi askikwa ohci kaki kwapikeyak nippi
Nasepetimek
Ekwa nippi
E takikamik mina e kanatak
Pakwesikan e tekapawathet
Ekwa mena wekasko Le tea ohci
Maka ekwa anotc
Ni moschi athaw atawikamik
pakwesikan pechahik toaster
Ekwa coffee pechahek askekok
E kaskitewak ka icikatek

Superstore ni nepawin
Sippi-komina makakosa
E nekanasteki
Missi mensa ekwa eka espakwaki
Ni wentawe mawison
Wayow noochimek
Ispi e mayi-kesikak
Ekwa mensapoy e kisakamitek ta osetayan

Nitapin e mistaketek metso-wikamik
E sewetakaniwit machi kichi-kamik kinoosao
Ni note kwaskwepitaw chemanik ohci kinoosao
Oski okaw ni we otakosi-mowaw

Ekwa e sipwepotayan ni meyim
Namotc ni metataw
Macapoy askek

# Iskwew Iskotew

# Machayewit Iskwew

Peyakwan keya kakayesi makeses
Ota ka takosineyan
Ispa maskisinah ekwa okimaw iseyowan
Mitho ki kiskethiten ethikok e kaskaman
Kichi mitahato-mitanaw iskotewa
Pecayek ni-stikwanek

E nitawethimeyan ta masinahaman in wethowin

Anihi masinahekana ka pe metheyan
Ta pe kimotamaweyan awah awasis
Kaki kikiskawak ka ki sakeyak
Mechet kika mitahat pesimoh
Namotch ka kaskiminawaw
Ka notinitinawah tato kesikaw
Osam noski-pimatisin, osam ni kakepatisin,
osam ni macahewin
Peyakwan pikoteh nitetheten ki tayamiwina
Paketinah ekwa - akwa ki paskithatin
E kinawapamitowak ekwa netha
Keyapitc ni nepawin

*My mother was sixteen when she had my oldest brother, in Flin Flon General Hospital, Manitoba. She went to wait in Flin Flon before she had her baby as was the custom. She had him in June 1973. She was alone in the hospital for several days before her parents and my father showed up. This captures her account of the attempted abduction of my eldest brother by the provincial government child services of the day.*

# Missikitit Mahigan: Nawasoteewak

Mache miscikosewak, e kakwe sekiyacik
Peyak Nehiyaw Iskwewa
E ata kiwepayit Iskonikanek ise
Pakwantah ohci, e totakwa machi kikisketheten

Neyo noosee apisti moososak
Mahicanah e nawiti'sawacik

Soki maskoskam pimmi otapanaskok
Tapitaw e ati kisekocek
Moh sekisiw
Eka awiyak ta notintok pakwantah

Motha mitonawakatc ninstotamok
Mache kekway e totakwaw ocecewawa ohci
Papiwak, peweyecikewak
Mitone kisiwak e naskowacik
Otanak, ekwa mena mitone kisiwak

Ekwa mena nekan e kipiskakwa
Ekwa ispik e sipwekocekwaw

Ekwa ispik ka sakiwekocek
Ekota ayawak, e kipececik
E papinakosicik

Soki mayaskawew
Maka wapamew otanak wapamonek
Kawe e pi natahokot ketwom

Peyak tipahaskan itakocin
Peyakwan ka missi thotek ka mayi-kisikak ka nipek
Kipecew, kapaw, kisiwasew
Otinam, nisto-mitanow paskisikan, pecipekwew
Wapamew
Kisiwak pe takosinok
N'sekatc ekwa pe takocinok

Wapatamok ekwa paskisikan nisto-mitananow
Maka kisiwak kipecewak

Matwesikew ispimik isi
Ekwa itwawew
Peyakwan aweyak ka nata machet
Othapamew ekwa
Papiyatak otetimanek

Motha ekwa napekasowak
Sekisiwak ekwa, tapasewak sokki


*In the late 1970s and '80s, people from the reserve experienced a lot of racism from the nearby town of Flin Flon, where people from the reserve of Pelican Narrows went to shop and attend medical appointments. It got to the point where they would want people from the reserve out of town. This is an account of my mother's experience after a day of shopping.*

# Miko Miskotâkay

Ni takotan miko-skotakiw eta kaki miskakaweyan
Eta kaki nakiskaskwow kayas itiniwak kitotemak
Nekan kohkom kaki nakiskak, motha osam
Ekote ita anima askiy cepayak kayacik
Tapika ketwom wapataman ki papinakosiwin

Niki nahastan miko-skotakiw eta kaki miskakaweyan
E kiskeyetamak kiya osawiskwew
Namoya ki kisteyetakosin, ki nipahikawin
Kiki sakihikawin
Tapika ketwom wapataman ta papinakoseyan

Niki akotan miko-skotakiw ita kaki miskakaweyan
E kiskiseyak e ke mocikiseyan
Oskiney-kiskwew, eki ayemiseyan apises
Ekwani kiki otinikowisin nicakos
Tapika ketwom wapataman ta papinakoseyan

Ni ke akotan miko-skotakiw eta kaki miskakaweyan
E kakiskiseyan nistam ka wanehikaweyan
E note miskatak, e wawanaweyetamak,
eka ekiskeyetamak
Kespin ketwom ta wapatoyak
Tapika ketwom wapataman ta papinakoseyan

Niki akotan anima miko-skotakiw
eta kaki miskakaweyan
Peyakwan nemeto-asakaw kaki
kekiskaman mana kayas
Ki mamanow mana kaki sikapatwot kestakayah
Ekwa papeyatak ta peytokeyak Nemihetowinek
Tapika ketwom wapataman ta papinakoseyan

Niki astan miko-skotakiy eta kaki miskakaweyan
Nikiskisin ki tahpisimina kaki kikiskaman
man kikwayak
Anima kaki osetayan eta mana ka ki
kiskinomakaweyak mikisistayikewin
Ki miweyeteynaw mikisah ohci e wawasekopayeki
Netsan, kiki meyah kohkominaw eki meyonak
Tapika ketwom wapataman ki papinakosewin

Niki astan miko-skotakiy eta kaki miskakaweyan
Kapee nikiskisin kaposeyak chemanek
E kwaskwepicikiyak, kisik kimoc
e wethayakwaw nicimosinanak
Kisiwak pawistikok ka kwaspecikeyak
Ka pakasimowak; mawaci kesiwak necewakan
Tapika ketwom wapataman ki papinakosewin

Niki astan miko-skotakiy eta kaki miskakaweyan
E papitayan niwaweyatwewina, ni kiskisin nesta
Ki ke pimotananaw, ki ke ayaminanaw
E meyeyitamak ka mamaweyak
Kespin taki kewenamak askeya: ni wekimakan
Tapika ketwom wapataman ki papinakosewin

Niki astan miko-skotakiy eta kaki miskakaweyan
Ki kiskeyeten tato nepin eki nitonatak
E kiskisomayakwaw kotakak kake namateyan
Eyikok e akawatamak aweyak ta weytak
Ta peytakwak acimowin,
tapika miskakaweyan nitosis
Tapika ketwom wapataman ki papinakosewin

Niki astan miko-skotakiy eta kaki miskakaweyan

Ayo mena ispi ki mama ka ocawasimisit, ka akosit
Akoseyikamaikok neso kisikaw e wetapimayak
Kakiyaw e pehowak ta netawikeyan
Aha, peyisk, nitanis, e apisisiseyan, e miyoseyan
Tapika ketwom wapataman ki papinakosewin

Niki astan miko-skotakiy eta kaki miskakaweyan
Okimawowin missiwe natonikewak
iseyekatamok Inquiry
Eyakwanima Ka Kimotci Nipahecik
Nehiyaw Iskwewak
Iskwesisak, neso acakwecik iyiniwak mena,
ni pakusayimon
Nitotamok, ni pakoseyimon, petus ta ispayik,
ni mama
Tapika ketwom wapataman ki papinakosewin

Niki astan miko-skotakiy eta kaki miskakaweyan
Mitone ni wapaten ki miyo papinakosewin
Ni pikwetheten, ni matowaskapin, ni maton
Tapika ketwom wapataman ki papinakosewin

# Kipahikasew

Tipethimisowin
Kakike ohci
Patima ayacithiniwak
Kake machi kipawacik nistum ithiniwah
Iskonikanek
Eki kipawacik ekote residential school
Kiskinomato-wikamikok
Ekote mina e kipahekasocik
Awasisa Ohi Kamaskatwecik
E kanaweyimacik
Kipotowikamikok

Moya ki osetanewiw Canada
Nistam Ayeseyinewak ohci
Maka kakeya ta kipawacik
Keyam piko moniyaw ekwa wemistikosew
Kakeyaw weya ta tipeyetak oma askiy

Aspin kayas ohci
Mitahato-mitanaw mina neyanano-mitahato'sap askiy

Kipawakan Iyinewak

# Ni pakwatison Neya

Ni pakwatison neya
Ni kaskitewi kinon-skwon
Ni sekapatwan otanak astenwa
Nosawisin, osawanwa ni' skesikwa
Ni pimotan apitaw atey-kamikok
Ki miyo apacecikana missiwe wasekopayenwa

Kekway maka neya ka tepwemakak
Okimotew
Nawatc ta kip e nipawistaweyek
Nepawik ota kisewak mekwa ka otinikeyan
E papamitisahowek
Peyakwan pisikew ka machetotat
Kwayusk eyako mayatan

Moya nake kweskinen
Ni sakay, nestakay, ni'skesikwa
Apo esi ka isi pekiskewyan
Taneki ekosi take totaman?

Kayas ohci niki sakehekawin
Ki kinopeykan
Anihi ka takakiskweywicik
Nehiyaw Iskwewak
Mitone iskotew pechayik pasitew
Ekwa ispek kotaka ka nitawikeyacik
Okimaskwewah
Keyapitc anima iskotew pasitew
Papeyatak, askew missi kwakotew

Ki pakwateyimowin
Ki machi pekiskwewin
Ki machi kinawapakeyan
Ki machi peykiskwaywin
Iskotew peychayek ka kikiskaman
Mistaskisum

Pekotew
Anima ka kitimakinatan
Ni sipwe potaten
Tatwa ka pakitatamowan

# Netha Nehithaw Iskwew

N' osawa-sakay mithosin
Ni mitho kinon-skwan
Ni sekahon ekwa ni sekapatwan papeyatak
N'osawi miskesikwa mithosinaw
Namotha ni tapweten ki kithaskewina

Ni sakiheson, wapamin
Nitha Neheyaw

Ni saketan ni nehethawi pimatisewin
Askaw mistahi kehkatowin
Pakwatikosewin, notintowin, atawethimitowin
Maka keyam
Ni mametethimon e akisowan Neheyawewinek

Atet naneypewisewak
Maka motha netha ikosi
Ni mamissi papin kapee
Athisk netha Cree

Awasime oma netha ithikok ka wapataman
Ni okemawe-pimatisin, peycayek ni tipethimison
Tapwe nike kesetan, nike methikawin masinahikana
Motha maka eyako ka takakethimosoyan
Machee oma Neheywi miko ka ayayan

Netha Neheyaw
Nehethaw Iskwew Netha

# Tapwe, Akwani Anima N'itetheten

Tapwe, akwani anima n'itetheten
Taki poni maskatweyan kicawasimisak
Ta poni otetinakwa ekwa nipahakwa iskwewak
Taki poni kipawakwa napewak
Taki poni anwetawakwaw kehteyayak

Tapwe, akwani anima n'itetheten
Taki ponitayan machi pisikwaci-totamowin
Taki ponitayan takitamahakwa nitotemak
Taki ponitayan machi maskekeya ka otinaman
Taki ponitayan kitimakisiwi pimacehowin

Tapwe, akwani anima n'itetheten
Ta poni kitimahak athisitinew
Ta poni atawethimak athisitinew
Ta poni machi-itethimak athisitinew
Ta poni opime-athak kitimaki ithinew

Tapwe, akwani anima n'itetheten
Taki nistawinawakwow ekwa kakithaw ithiniwak
Kayas ohci oho ota kaki ayacik
Ekwa mina kakike ota ta wekicik
Kinwesk poni etwakwaki Canada ka ichikatek

Tapwe, akwani anima n'itetheten
Taki pethisk nistawethetaman Eyinewak
Kakike ohci ota ki ayawak
Ekwa kakike mena ota ta ayawak